HUTTES ABYSSINIENNES.

LE PASSÉ ET LE PRÉSENT DE L'ABYSSINIE

Pour les Grecs, dès la plus haute antiquité, les Abyssins (ou Abyssiniens) d'aujourd'hui étaient des Ethiopiens (Ἀἰθίοπες), et l'Abyssinie (1) actuelle s'appelait l'*Ethiopie supérieure*. Ils donnaient toutefois le nom d'Αἰθιοπία à tous les pays occupés par des aborigènes à peau noire ou bronzée, aussi bien à la Gédrosie (Sud Asie) qu'au haut Nil; ils l'appliquaient même à certaines îles de la mer Egée, Samothrace et Lesbos, ainsi qu'à cette partie de la Cappadoce où, sur les rives du Thermodon, régnaient les redoutables reines des Amazones : Antiope, Penthésilée, Thomyris, Thalestris. Homère, qui place le séjour des Ethiopiens (ou Hyperboréens) aux confins du monde, voit en eux des hommes pieux et sans tache (ἀμύμονες), amis des dieux, qui les visitaient souvent. Hérodote les divise en deux races : l'une aux cheveux plats, établie dans l'Ethiopie orientale; l'autre, aux cheveux crépus, dans l'Ethiopie occidentale. A vrai dire, il n'y avait point, chez les anciens, de dénomination spéciale pour l'Abyssinie et les Abyssins. Quant aux *Kousch*, dont parle l'Ancien Testament et qui étaient connus des Egyptiens et des Hébreux, on ne saurait affirmer si c'étaient des indigènes ou simplement des Sémites immigrés dans cette contrée. Quoi qu'il en soit, la civilisation y remontait à une époque très éloignée, correspondant à la prospérité de Meroe, encore reconnaissable dans les ruines d'Assur aux environs de Schendi.

(1) Le nom d'Abyssinie vient d'une corruption de l'arabe *habesch*, qui est un adjectif et un terme de mépris employé pour désigner un ramassis de familles d'origines diverses. Les musulmans ne se servaient que de cette épithète injurieuse pour désigner les Ethiopiens, ennemis de l'Islam. Les copistes du seizième siècle en ont fait le mot français *Abyssin*.

A cette période reculée succéda celle des reines nubiennes, comme Candace, jusqu'à la conquête par les Romains sous Auguste.

Longtemps auparavant, au septième siècle avant notre ère, sous Psammétik Ier, fondateur de la 26e dynastie égyptienne, des Sébrites, appartenant à la caste des guerriers de Memphis ou de Saïs, avaient, d'après les traditions, fondé dans la haute Ethiopie, là où sont les sources de l'Astaspe (Bahr-el-Arzek, fleuve Bleu), la ville et le royaume d'Axoum, qui fut plus tard exploré par les Lagides (fondation d'Arsinoé, etc.). Les richesses du sol y attiraient les chercheurs d'or, les marchands d'aromates (ἡ κινναμωμοφόρος ἡ ἀρωματοφόρος χώρα : le pays du cinname et des parfums). D'autres venaient y faire le commerce de l'ivoire. Les relations avec les indigènes étaient d'ailleurs pacifiques. « Tous ces Ethiopiens, raconte encore Hérodote, se distinguaient autant par l'intelligence et la bonté de leur caractère que par la simplicité de leurs mœurs et la beauté de leur extérieur : grands et forts, leur genre de vie sobre et sans passion assurait leur longévité. »

C'est sous les souverains d'Axoum que les Abyssins virent ces temps prospères où, grâce à leur entrepôt d'Adulis, le port animé des Troglodytes, ils exerçaient la suprématie commerciale dans l'Inde et l'Arabie, pendant que l'Abyssinie était un boulevard de la chrétienté. Cette splendeur déclina lorsqu'ils entrèrent en contact avec l'Islam.

Au seizième siècle, réduits à leur territoire de la haute Ethiopie, ils furent assaillis par les Gallas, hordes sauvages de race nègre venues du sud, qui leur arrachèrent successivement leurs possessions, promenant partout la dévastation et plongeant une grande partie du pays dans la barbarie. Ce fut comme une trombe qui passa sur l'Abyssinie et que l'on peut comparer à l'inondation de l'Europe par les Huns. Cependant les négous (rois abyssins) résistèrent à cette tourmente. Au milieu de leurs désastres, ils conservaient leur prestige, et, grâce à cette attitude, ils purent se concilier l'alliance des Portugais, poussés à cette entente par les Jésuites, qui travaillaient à la conversion du négous et de sa cour. Il en résulta des dissensions intérieures, le peuple voulant rester fidèle à ses croyances chrétiennes distinctes du culte romain. Ces troubles prirent fin en 1632, par l'expulsion des prêtres et religieux catholiques. Et c'est depuis lors que ceux-ci n'ont cessé de mettre tout en œuvre pour reconquérir leur influence en Abyssinie, en même temps que les missionnaires allemands et anglais y travaillent en faveur du protestantisme.

A ces sollicitations se joignirent les intrigues politiques des cabinets de Paris et de Londres, en sorte que le négous, ne pouvant plus même compter sur l'appui de ses *ras* (gouverneurs de province), n'était plus qu'une ombre de souverain indépendant. Confiné dans sa capitale à Gondar, il n'avait qu'une autorité de plus en plus affaiblie sur un royaume démembré.

Telle était la situation au dix-huitième siècle. A côté de l'Abyssinie et dans ses limites s'étaient formés deux autres Etats : le Tigré, à l'ouest d'Adoua, répondant à peu près à l'ancien Axoum, et le Choa. Ce morcellement secondait les intentions britanniques. En 1860, celles-ci se révélèrent manifestement lorsque l'un des chefs abyssins (un *dedjezma* ou vassal), levant ouvertement l'étendard de la rébellion, triompha des autres feudataires déjà presque tous autonomes, les massacra et s'empara de la couronne d'Abyssinie en se proclamant empereur et

en se faisant sacrer par l'évêque copte sous le nom de Théodoros.
Ce coup de main aurait pu avoir des conséquences avantageuses pour reconstituer l'unité du pays, d'autant plus que l'usurpateur, jeune, habile

CARTE DE L'ABYSSINIE.

énergique, avait pour soutien une armée dévouée composée de cinquante mille hommes aguerris. Mais Théodoros ne réalisa point les promesses de réforme sociale qui lui avaient valu tant de partisans. Ceux des chefs que sa duplicité rendait défiants se tournèrent vers d'autres auxiliaires. Un d'eux, Négousié, fomenta une insurrection dans le Tigré, où il agissait avec les sympathies de la France. Théodoros le fit égorger, et devint dès ce moment un tyran, écrasant ses sujets d'impôts, immolant tout le monde à sa fureur. Les Anglais, dont il avait été d'abord l'allié, eurent eux-mêmes à subir ses caprices. Des consuls et des ambassadeurs que lui envoya la reine d'Angleterre tombèrent dans un véritable piège. Il les traita en prisonniers, en otages, et, quoique abandonné successivement par ses meilleurs partisans, il joua son rôle de fou couronné pendant plusieurs années.

C'était un défi lancé à toute l'Europe, à toute la civilisation. En 1868, l'Angleterre, quoique intéressée à ne point accepter une rupture, s'y vit forcée. De toutes parts, en effet, éclataient des soulèvements. Celui du Choa, ayant à sa tête Ménélick, petit-fils du négous détrôné par Théodoros et héritier légitime de la couronne, était plein de menaces.

Les Anglais résolurent de prévenir l'anarchie par une opération vigoureuse et décisive. Ils assiégèrent Théodoros retranché dans Magdala, qui paraissait inexpugnable. L'armée anglaise, commandée par sir Charles Napier, remporta une victoire complète. Quand le négous vit le premier soldat ennemi escalader le rempart, il se brûla la cervelle.

Les Anglais se retirèrent après avoir détruit Magdala, laissant l'Abyssinie en proie à la guerre civile, qui dura quatre ans. En janvier 1872, Kassai, roi du Tigré, vainqueur dans la plupart des combats, s'empara d'Axoum, capitale religieuse du royaume, et se fit couronner empereur (négous) sous le nom de Jean II (Johannes). Son règne ne fut, pendant dix-sept années, qu'une lutte acharnée contre les musulmans, ou plutôt contre l'Égypte agissant de concert avec la Porte Ottomane, qui se prétendait suzeraine de l'Abyssinie. Ces prétentions, malgré deux victoires du négous, auraient triomphé si la révolte du Mahdi, l'occupation de l'Égypte par les Anglais et la mort de Jean II n'avaient, en 1889, imprimé une direction tout à fait imprévue aux événements.

Ménélick II, roi du Choa, avait, par droit de naissance, pris la couronne impériale, mais des complications de toute nature l'entouraient. Dès son avènement, il vit se dresser devant lui les ambitions italiennes. Profitant du désarroi où était jetée l'Abyssinie et arguant du droit de conquête, l'Italie s'était emparée de l'île de Massaouah, en 1885, puis de Keren et de l'Asmara, prenant ainsi position à l'entrée des plateaux du Tigré, sur le chemin de la mer Rouge. Cette colonie militaire reçut le nom d'Érythrée; c'était, dans la pensée du gouvernement du roi Humbert et de son ministre Crispi, un premier pas dans la voie d'annexion masquée sous le nom diplomatique de pénétration. Ménélick dut consentir au traité d'Ucciali (2 mai 1889), qui mettait cette partie de l'Éthiopie sous le protectorat de l'Italie. Mais le négous attendait l'heure des revisions de ce pacte imposé. En 1896, ses représentations sur la signification exacte et la valeur réelle des clauses du traité donnèrent ouverture à une guerre qui se termina par la défaite écrasante du général Baratieri à Adoua, le 1er mai. En vain l'Italie voulut réparer cet échec. Le négous lui en ôta la possibilité, l'obligea a signer en 1897 la paix impliquant l'absolue indépendance de l'Abyssinie, et donna au monde civilisé l'exemple d'une fermeté et d'une équité qui lui concilièrent l'admiration de l'Europe entière.

Charles SIMOND.

TYPES D'ABYSSINIENNES.

L'ABYSSINIE (1)

I

PANORAMA DE L'ABYSSINIE

Il y a en Abyssinie deux zones distinctes, bien connues des indigènes, qui les désignent sous les noms de *dégas* et *kollas*, terres hautes et terres basses. L'altitude des premières varie entre 2,000 et 3,000 mètres; celle des secondes, entre 1,000 et 1,500 mètres. Il y a en outre les hauts sommets, qui sont encore habités jusqu'à une altitude de près de 4,000 mètres; mais ce ne sont là que des exceptions, qui ne modifient point d'ailleurs ces deux grandes divisions. Entre les *dégas* et les *kollas*, il n'y a pas seulement une différence de niveau : la température, la nature du sol, les productions végétales, les animaux aussi ne sont plus les mêmes, et l'homme lui-même, bien que descendant d'une souche commune, a subi à tel point l'influence du climat qu'il présente, tant au moral qu'au physique, des différences marquées.

Les *dégas* sont de vastes plateaux couverts de gras pâturages où paissent de nombreux troupeaux de bœufs et de moutons. L'air y

(1) Les pages reproduites ici sont extraites du volume de M. Achille RAFFRAY, *Abyssinie*. (Paris, Plon, Nourrit et Cie.)

est pur et sec, la température modérée, l'eau abondante et de bonne qualité; la végétation y persiste plus longtemps pendant la saison sèche; le climat est sain, les maladies fort rares. Les dégas, dans le règne végétal, sont caractérisés par la présence de l'orge et du blé. C'est dans cette région que sont construites les plus grandes villes. La population, plus dense, plus industrieuse, se rapproche davantage encore du type européen. C'est là que le voyageur rencontrera le plus souvent des hommes ou des femmes au teint clair (1); les membres sont plus charnus, la taille plus élevée. L'habitant des dégas est plus riche, moins nomade, plus hospitalier, moins querelleur. Il a plus de dignité, plus de calme; il est plus religieux; mais cela tient peut-être à ce que la noblesse théocratique, recherchant de préférence un pays riche, salubre et tempéré, a étendu sa domination sur les hauts plateaux, qui sont devenus en grande partie les fiefs des églises et des monastères.

Dans les *kollas*, le sol est sablonneux, sec et pierreux; au lieu de l'orge et du blé, on ne verra plus maintenant que le maïs et le sorgho; le coton remplace le lin; le figuier, le sycomore et l'olivier ont disparu pour faire place aux nombreuses variétés d'acacias et de mimosas. Un des arbres caractéristiques de la faune des kollas est le baobab, qui ne se rencontre jamais dans les dégas, pas même autour du lac Tzana. Le vert des feuilles est devenu plus pâle et comme poussiéreux; le rosier et le jasmin ne parfument plus l'atmosphère, et quand, après les pluies, revient la saison sèche, les arbres, dépouillés de leurs feuilles, ne montrent plus que des branches noueuses, hérissées d'épines longues et acérées, et des troncs grisâtres dont l'écorce se détache comme la peau d'un lépreux. Il y a une compensation cependant : dans les dégas, je n'ai jamais rencontré aucun fruit, tandis que le bananier, l'oranger, le citronnier et le cédratier prospèrent dans les kollas. Les rivières, torrents fougueux pendant les pluies, n'offrent plus, pendant la saison sèche, qu'un lit sablonneux d'où l'eau a complètement disparu. L'air est sec et embrasé, le vent de la montagne ne venant plus le rafraîchir. Au commencement et à la fin des pluies, se déclarent des fièvres épidémiques souvent mortelles. Çà et là sur sa route, le voyageur rencontrera des villages entiers veufs de leurs habitants, qui ont fui devant le fléau dévastateur. Le léopard et le lion pullulent dans les fourrés et les rochers; mais le pelage de ce dernier est plus fauve, plus court, sa crinière moins abondante, et le lion noir (2), voisin de celui de l'Atlas, est confiné dans les montagnes. Les guenons (*cercopithecus*) bondissent

(1) Adoua et Gondar, villes situées au moins à deux mille mètres d'altitude, sont comprises par conséquent dans les dégas.

(2) On nomme cette variété lion noir, parce que l'extrémité des poils de sa crinière est bien plus foncée; c'est celui dont la dépouille est surtout recherchée par les Abyssiniens pour confectionner le lébdé ou pélerine que portent les plus grands seigneurs.

dans les branchages; c'est du moins dans les kollas que je les ai rencontrées exclusivement, tandis que j'ai fréquemment vu les singes cynocéphales sur les dégas. Les pintades, dans les kollas, ont remplacé les francolins, sortes de grosses perdrix à la chair délicate qui habitent de préférence les dégas; plusieurs espèces d'antilopes et de gazelles s'enfuient à travers la plaine, gracieuses et alertes. Il y a peu de mules et pas de chevaux dans les kollas; les chèvres ont généralement pris la place des moutons, bien que, parmi ces derniers, il en existe une espèce à poil ras et sans cornes qui se rencontre en Abyssinie dans les régions chaudes. Dans quelques parties plus basses encore vivent l'éléphant, le rhinocéros. Les insectes eux-mêmes suivent la loi générale, et l'on retrouve dans les kollas quelques espèces caractéristiques des régions sablonneuses et brûlantes de l'Afrique. Les habitants de ces plaines chaudes et malsaines sont petits, secs, nerveux, pétulants, querelleurs; la peau a une couleur plus foncée, le visage est plus rond; ils aiment la danse et la musique; gais et enjoués, ils se drapent toujours dans la toge, mais n'ont plus au même degré cette majestueuse dignité des habitants des hautes terres, devant laquelle on se sent reporté au beau temps des Grecs et des Romains.

***

De Dabbatadios, admirablement situé à l'extrémité méridionale de la grande déga du Tigré, nous jouissions d'un panorama aussi étendu que varié. A l'ouest se dressaient les hautes montagnes du Sémen, dont l'éloignement adoucissait tous les contours; devant nous les kollas du Tenbiêne et du Sloa se déroulaient comme une peau de fauve zébrée de tâches grisâtres. A l'est enfin, les montagnes des Ambas, derniers contreforts des massifs de l'Haramat et de l'Enderta, qui courent du nord au sud sur une longueur d'une vingtaine de lieues pour aller se relier aux montagnes du Ouodgérate et des Agaos. En face de ces fantastiques amas de rochers, c'est à renoncer à toute description, car le regard lui-même erre ébloui et perdu dans ce dédale de montagnes bizarres, où le géologue trouverait sans doute la preuve irréfragable de quelque terrible convulsion du globe. Du point culminant où nous étions placés, nous dominions cette chaîne moins élevée qui nous apparaissait comme une vaste carte en relief. Qu'on s'imagine un effondrement subit et escarpé d'environ 800 mètres; puis du fond de cet abîme émergent d'autres montagnes que je ne puis comparer qu'à des amas de ruines. Ici, c'est une muraille crénelée, une tour qui se dresse fière et menaçante encore, des aiguilles qui ressemblent à de gigantesques paratonnerres; là des terre-pleins, avec bastions, fossés et contrescarpe, supportant plusieurs étages de citadelles superposées, diminuant de hauteur à mesure qu'elles s'élèvent, véritables forteresses avec des tours, tourelles, poivrières, mâchicoulis, tout l'agencement

MONT_LAMALMON.

enfin d'un manoir destiné à subir de longs sièges. La couleur vient encore aider à l'illusion : les parois verticales de ces montagnes

AU BORD DU LAC TZANA.

sont d'un rouge ou d'un gris jaunâtre qui rappelle les teintes de la brique vieillie et effritée par le temps.

Depuis longtemps d'ailleurs les Abyssiniens ont su utiliser ces forteresses naturelles. Il en est, plus vastes que les autres, dont le sommet forme un plateau recouvert de terre végétale et fertilisé par des sources, circonstance qui permet d'y défier tout blocus; ce sont des *dégas* en miniature. Un sentier escarpé, qu'un homme ne peut gravir qu'en s'aidant des pieds et des mains, dissimulé encore dans quelque repli de la montagne, donne seul accès sur le plateau supérieur. Quelques rochers mobiles, lancés dans cet étroit passage, suffiraient pour écraser une armée; aussi, privés d'artillerie et des engins meurtriers que le raffinement de notre civilisation emploie pour faire la guerre (1), les Abyssiniens ne peuvent assiéger ces monts forts, qui contribuent ainsi dans une large mesure à éterniser les luttes intestines qui désolent l'Ethiopie, en offrant au vaincu un asile inexpugnable où se perpétue la haine des partis. Ces singulières montagnes ne sont pas seulement des citadelles témoins de luttes mémorables; de moindres proportions et d'un accès plus difficile encore, elles servent la vengeance du vainqueur et deviennent des prisons d'Etat. On choisit d'ordinaire, pour y déporter les chefs vaincus dont on redoute l'influence, des sommets isolés de tous côtés par des murailles à pic et sur lesquels l'homme ne peut plus arriver que hissé par des cordages, comme un mineur qui remonte du fond du puits. Comment parvint-on à escalader pour la première fois ces cimes aujourd'hui inaccessibles? Je l'ignore; mais on peut présumer qu'un sentier, détruit depuis, en permettait l'accès.

II

ADOUA.

Adoua est situé par 14° 9′ 34″ nord et 36° 32′ 48″ longitude orientale de Paris; son altitude, mesurée à l'église de Médani-Allen (le Sauveur du monde), est, d'après les voyageurs, de 1,900 mètres. Elle est adossée aux derniers contreforts des montagnes qui limitent la plaine vers le sud. Du côté nord, un ravin assez profond sert de lit à la petite rivière Assam, et les murs des maisons qui bordent le ravin simulent de loin les fortifications.

Les maisons d'Adoua sont généralement construites en pierre, couvertes en terrasses, et se composent de petits rectangles irrégulièrement accolés les uns aux autres, avec une cour intérieure, sur laquelle s'ouvrent les portes et les rares fenêtres de la maison.

(1) Grâce à Ménélick, cette infériorité des armements abyssins n'existe plus. (S. C.)

C'est dans cette cour que les femmes, qui, sauf les esclaves, sortent peu, vaquent aux soins du ménage. Souvent c'est là que se fait la cuisine, avec trois pierres pour fourneau; c'est aussi l'écurie pour les mules et le parc pour les bestiaux.

A côté de ces maisons rectangulaires, on en voit aussi qui affectent la forme cylindro-conique, avec une toiture en chaume. Ces dernières, d'ordinaire plus luxueuses, sont plutôt une salle de réception, une sorte de salemlick, où le seigneur du lieu donne ses audiences, reçoit ses amis et ses vassaux.

Point de grandes artères, point de boulevards pour circuler au milieu de ces habitations, dont la plus somptueuse égale à peine en splendeur les plus humbles fermes de la France. Entre les murs assez élevés et sans ouverture qui enceignent chaque habitation, de petites ruelles étroites, où deux hommes peuvent à peine circuler de front, sillonnent Adoua, et en font un labyrinthe inextricable. D'ailleurs, en temps ordinaire, il n'y a aucune animation dans ces villes d'Ethiopie.

Il n'y a point d'ouvriers, point de marchands, point de boutiques; tout se fait dans la maison. Les femmes, qui sont pour ainsi dire les seuls artisans, fabriquent tous les objets nécessaires au ménage. Ce sont elles qui modèlent les poteries, moulent le teff ou le dourah, cuisent le pain, tissent les étoffes, tandis que l'homme, muni d'une hache ou d'une herminette, travaille un tronc d'arbre qui deviendra un lit, un escabeau ou un mortier à piler les céréales. Les grands ont leurs orfèvres, leurs bourreliers, leurs armuriers, leurs tisserands, qui font partie de la maison à titre de serviteurs, et travaillent exclusivement pour leur maître, dont ils reçoivent en échange nourriture et vêtement.

C'est tout à fait, dans la famille comme dans l'Etat, l'organisation féodale de notre Occident au moyen âge; tout gravite autour d'un centre, qui est en même temps le père et le maître de la maison.

J'étais arrivé à Adoua un dimanche, et toute la semaine, en parcourant la ville, j'avais été frappé de cette atonie, de ce silence dans lequel était ensevelie la capitale du Tigré. C'est à peine si je pouvais me procurer des vivres pour moi et pour mes gens, tant chacun semblait peu désireux de vendre son superflu.

Cependant, le samedi matin, je vis les rues ou plutôt les ruelles qui sillonnent la ville remplies d'une foule bigarrée et remuante. C'étaient des paysans chassant devant eux quelques bestiaux, vaches, chèvres ou moutons; des femmes, des jeunes filles pliant sous le poids d'une vaste amphore ou d'un sac en peau à la panse rebondie; des hommes de tout âge, presque de toutes couleurs, portant, qui des armes ou des instruments aratoires, qui des objets en bois ou des peaux tannées et des fourrures; des colporteurs renfermant dans leur besace les précieux bibelots qu'ils sont allés chercher à la côte; un laboureur qui, ses provisions faites pour l'année, apportait le surplus de ses récoltes; un maquignon avec sa file de mules et de baudets rétifs, ou un homme de condition, monté sur sa mule, drapé dans sa chemma, suivi de ses domestiques qui portent ses armes; il vient acheter quelque objet de luxe, un cheval de bataille, une lance, un sabre, ou surveiller la vente de ses troupeaux. C'est le jour du marché hebdomadaire, et, de plusieurs lieues à la ronde, tout le pays afflue à la ville.

Quand je voulus sortir, je trouvai dans la cour ma mule sellée et deux domestiques armés de mes fusils, comme deux hérauts d'armes.

— Pourquoi cet attirail? dis-je à Hassein; le marché se tient à deux pas d'ici. Je serai plus libre à pied, pour voir et marchander, et la pauvre bête me saura gré de la renvoyer aux champs. Elle doit encore faire un long et pénible service; il est inutile de la fatiguer sans motif.

— Je croyais, répondit mon domestique visiblement froissé, être au service d'un grand seigneur; mais si tu veux aller au marché à pied et sans escorte, je suis déshonoré; personne ici ne te tiendra plus en estime, et l'on dira que les Franguis et leurs serviteurs sont de pauvres gens.

Je tombais de surprise en surprise à cette harangue inattendue; mais en me suppliant de ne pas aller à pied, Hassein m'apprit que tout homme de condition qui tient à l'estime de ses compatriotes ne paraît jamais en public que monté et escorté de plusieurs domestiques portant ses armes; plus il a de suivants, plus c'est un grand personnage. J'ai pour principes, surtout dans un pays comme l'Abyssinie, où des usages très anciennement adoptés ont acquis force de loi, de me conformer autant que possible aux mœurs des habitants. Aussi, bien que cela me dérangeât singulièrement, j'accédai aux prières d'Hassein, et, par la suite, j'évitai de sortir seul et à pied.

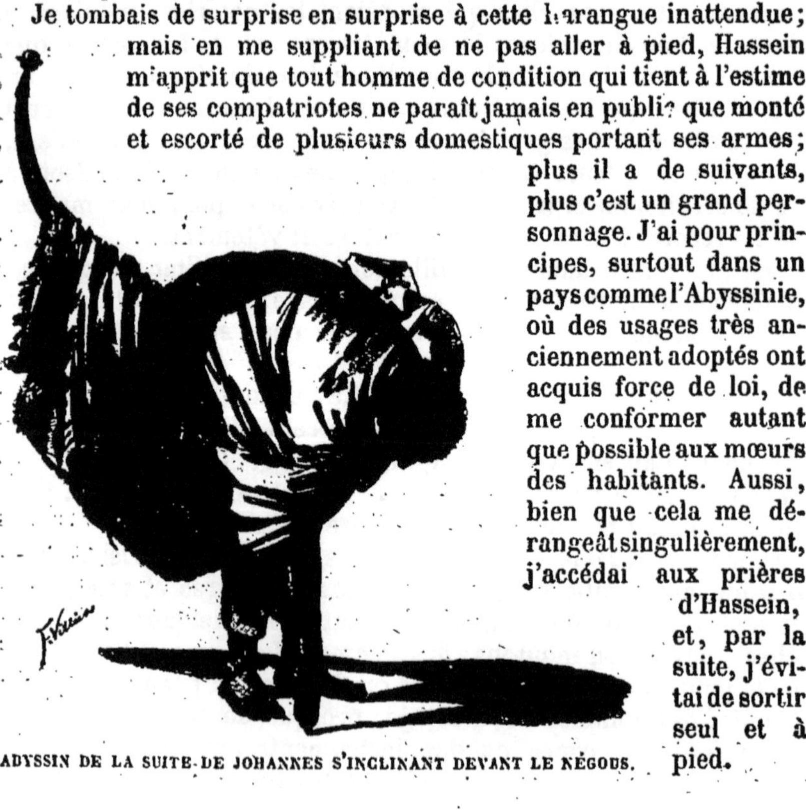

ABYSSIN DE LA SUITE DE JOHANNES S'INCLINANT DEVANT LE NÉGOUS.

SAMARA, RÉSIDENCE DU NÉGOUS NEGESTI, A DEBRO-TABOR.

*
* *

Oisero (1) Douba (c'était le nom de ma propriétaire) avait chez elle sa nièce, ravissante créature de treize à quatorze ans, nommée Ianoussou. Elle remplissait près de sa tante les fonctions d'une domestique privilégiée et n'était occupée qu'aux soins intérieurs du ménage. Souvent d'autres jeunes filles du voisinage venaient lui rendre visite, poussées peut-être par la curiosité qu'inspirait ma présence. Il y en avait dans le nombre de fort jolies, et toutes avaient une attitude noble et gracieuse, avec leurs chevelures tressées, leurs chemises aux broderies éclatantes et leurs longues chemmas. Quand on pensait, le soir, que j'étais occupé à travailler ou couché, toute la maisonnée sortait de la réserve, et des danses s'organisaient dans la cour. Je me gardais bien de déranger ces petites fêtes improvisées, et plus d'une fois, caché derrière une peau de bœuf qui me servait de volet, j'ai assisté aux ébats de cette jeunesse. Plus tard, quand on se fut habitué à moi et que de petits présents, un collier de perles, un petit miroir, quelques aiguilles, un petit flacon de grossière parfumerie, m'eurent conquis les bonnes grâces du beau sexe, ma présence ne fut plus un trouble-fête, et quelquefois mes domestiques s'enhardirent jusqu'à m'envoyer en ambassade Ianoussou et ses compagnes pour obtenir une distribution de taidje. C'était plaisir de les voir, tremblantes et confuses, avec leur mine de petit oiseau effarouché, m'adresser leur humble requête. Je me laissais toujours fléchir, et les danses se prolongeaient bien avant dans la nuit.

Ces danses rappellent celles que j'avais vues dans les hauts plateaux de l'Algérie, exécutées par les almées des Ouled-Naïl, mais elles sont plus naïves. Hommes et femmes dansent ensemble, rangés en cercle autour d'un feu; les uns et les autres piétinent sur place plutôt qu'ils ne dansent, et se balancent d'avant en arrière en chantant d'interminables cantilènes dont ils marquent la mesure en frappant dans leurs mains. Comme chez tous les peuples primitifs, le rythme en est monotone et mélancolique. La musique, à son origine, semble n'avoir été employée que pour exprimer les sentiments tristes et langoureux; c'est une douleur qui s'épanche, le soupir d'un cœur qui souffre. Le cri de guerre lui succède, mais le chant d'allégresse, le joyeux boléro, n'apparaît que plus tard.

*
* *

J'ai dit qu'Adoua est située dans une plaine entourée de montagnes. La plus importante de ces dernières est le mont *Chelloda,*

(1) Oisero, en éthiopien, signifie *madame.*

dont l'altitude précise m'est inconnue, mais qui ne peut pas être inférieure à 2,400 ou 2,500 mètres, celle de la plaine étant donnée à 1,900 mètres. Le mont Chelloda, au nord-est de la ville, forme une croupe oblongue de 5 à 6 kilomètres et séparée des autres montagnes par de profondes vallées où coulent, au sud, l'Assam, et au nord, l'Abouna. Les flancs de cette montagne, surtout du côté sud, sont peu escarpés, et la végétation est fort clairsemée. La gorge de l'Abouna, à une de ses extrémités, est fort étroite; d'un côté le Chelloda, et de l'autre un bloc énorme dont les parois verticales semblent formées de colonnes polygonales accolées ensemble comme dans un faisceau, apparaissent comme les chambranles d'une porte gigantesque. Lorsqu'on a franchi ce défilé, on se trouve subitement dans une ravissante vallée, où le cours sinueux de la petite rivière est indiqué par une ligne de beaux dattiers, où voltigent une foule d'oiseaux au plumage éclatant; des pigeons jaunes et verts roucoulent dans la verdure et se gorgent de dattes; des geais bleus ou bronzés avec le bec blanc se poursuivent d'arbre en arbre, tandis que des grimpeurs à longues queues, tantôt métalliques et fasciés de blanc, tantôt d'un gris isabelle avec la tête couronnée d'une huppe, se suspendent aux branches de mille façons. Mais j'ai vu là surtout un oiseau ravissant et qui construit un nid qui mérite quelques mots de description : ce charmant passereau, qui ressemble à notre moineau, mais dont le plumage est entièrement d'un jaune d'or varié de noir brun, suspend sa demeure aérienne à l'extrémité d'une branche aussi flexible que possible; la feuille elle-même du palmier, si grêle, si élancée, lui semble encore trop grossière, et il la fend longitudinalement en deux ou trois parties pour en augmenter la flexibilité. Ce nid ressemble un peu à une cornue à col court qui serait suspendue par le ballon, avec l'ouverture en dessous. Lorsque l'oiseau veut donner la pâture à ses petits, il se suspend la tête en bas à ce que j'appellerais le ventre du nid; puis, étendant ses ailes et s'appuyant sur sa queue, il se replie sur lui-même, pour engager sa tête dans l'ouverture du nid. L'habile architecte de ce petit palais, aussi confortable qu'élégant, n'aime pas à vivre seul; on voit ces passereaux, par bandes innombrables, évoluer comme un tourbillon doré, et l'arbre qu'ils ont choisi pour être la capitale de leur petite république est littéralement couvert de leurs nids. On n'aperçoit plus ni feuilles, ni branches; ce ne sont que des grappes de nids, qui oscillent constamment sous le poids de leurs habitants. Mais ces prudents oiseaux ont la coutume de choisir un arbre à tronc flexible et dont les rameaux pendent au-dessus du ruisseau. Inoffensifs et sans défense, ils semblent ne chercher un abri que dans la délicatesse même de leur travail.

Tout n'est pas aussi poétique dans la nature. Il y a en Abyssinie un autre oiseau, une sorte de gros-bec, encore cousin germain de nos moineaux, mais un peu plus gros; son plumage est d'un joli gris isabelle; il a les pattes et le bec rouges comme du corail, il est alerte, gai, sautillant; on est tout prêt à le trouver charmant; mais il ne faut jamais se fier aux apparences; il a de déplorables

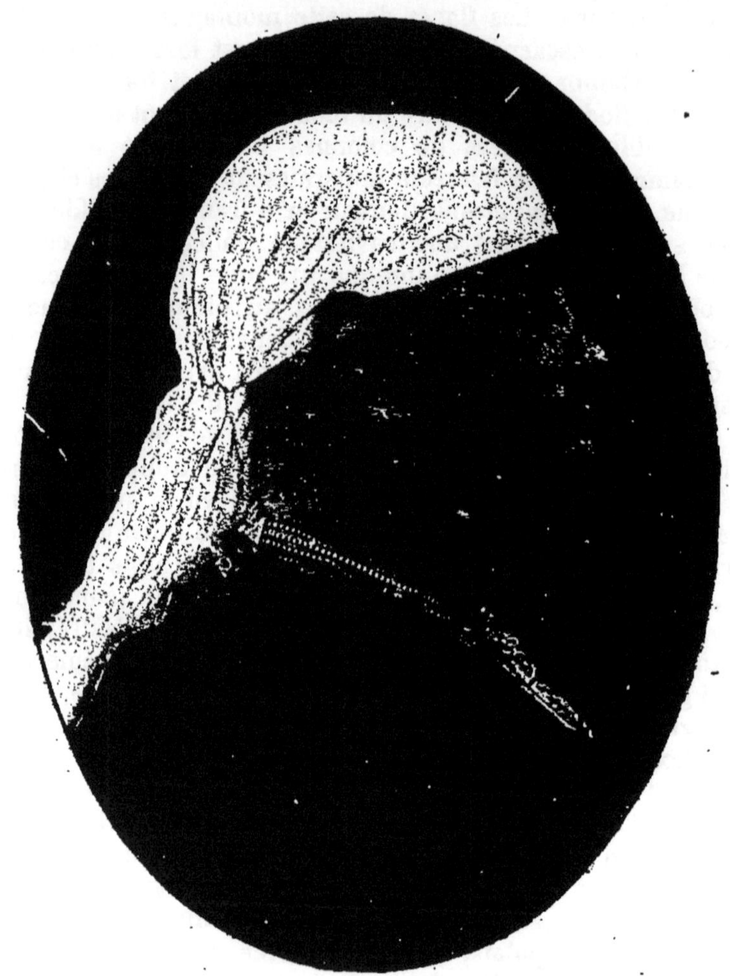

S. M. MÉNÉLICK II, ROI DES ROIS D'ÉTHIOPIE.

habitudes, des goûts aussi dépravés que cruels. Ce petit oiseau est carnivore, il aime la chair, que dis-je ! la chair vivante; aussi les naturalistes l'ont nommé *Buphagus*, mange-bœuf. Une pauvre mule, un cheval, un bœuf ont-ils été blessés par le harnais, c'est dans cette blessure saignante que le Buphagus ira plonger son joli bec; de ses pattes, que la nature, bonne mère en somme, lui a faites rouges, pour dissimuler ses vices, il s'accroche sur les bords de cette écorchure, qui bientôt, grâce à lui, deviendra une plaie.

Il est là sur le dos de la pauvre bête, piquant, becquetant, déchirant, si affairé à sa triste besogne qu'on peut l'approcher jusqu'à mettre la main sur lui; sa victime a beau se remuer, se secouer, le frapper de sa queue, rien n'y fait, il ne bouge pas. J'avais d'abord trouvé cet oiseau joli et gracieux; mais quand je connus

REINE D'ABYSSINIE.

ses mœurs, je le pris si fort en grippe que je croyais faire œuvre pie en en tuant le plus possible.

III

LE NIL BLEU.

Au fond d'une vallée escarpée, à travers un chaos inextricable de roches basaltiques, le Nil Bleu, que les Abyssiniens nomment *Abbaï* (le père de l'eau), roule ses eaux mugissantes et blanches d'écume. C'est un torrent, mais un torrent gigantesque, qui bondit de chute en chute, se brisant avec fureur contre la montagne qu'il polit sans pouvoir l'ébranler.

C'est là, dans un endroit plus resserré, plus étroit encore, où le fleuve emprisonné dans un défilé profond, mais large au plus de deux mètres, se débat impuissant contre des murailles monolithes, que les Portugais au quinzième siècle construisirent un pont qui relie le Godjam au Béguémédeur. D'un bord à l'autre de cette fissure, une arche d'une construction hardie fut jetée. Le pont se continue ainsi percé de cinq autres ouvertures qui, dans les grandes eaux, laissent écouler le trop-plein du fleuve.

Cet antique viaduc, assez élevé au-dessus des eaux et large de deux mètres environ, est construit avec une roche noirâtre, prise sans doute sur le lieu même et disposée en petit appareil assez peu régulier. Le ciment des joints, effrité par l'eau et le temps, a disparu; des plantes parasites ont pris sa place. Les parapets en maints endroits sont démantelés; la chaussée même est crevassée, et les Abyssiniens, au lieu d'entretenir ce pont dont l'importance stratégique est immense, se bornent à remplacer la maçonnerie par des palissades ou des planchers en bois. Du côté du Béguémédeur, une tour cylindrique, assise sur une pointe de rocher, défend l'accès du pont et commande de chaque côté toute la vallée.

. . . .

Le terrain ne tarda pas à devenir marécageux. Devant nous se dressait un épais rideau de verdure qui nous cachait le fleuve. Partout on voyait des pistes d'hippopotames, et d'après ces empreintes, je jugeai qu'il devait y en avoir de taille gigantesque.

Nous pénétrâmes, non sans peine, dans une sombre et épaisse forêt qui, sur une largeur de plusieurs centaines de mètres, borde l'Abbaï. Cette belle végétation des tropiques s'épanouit sous la double influence de l'humidité et de la chaleur. Ces grands arbres dépassaient en beauté tous ceux que j'avais déjà vus précédemment. En tout cas, ceux de l'Abbaï sont des plus beaux que j'aie rencontrés.....

Enfin nous voilà derechef sur les bords de l'Abbaï; mais ce n'est plus le torrent que nous avions vu la veille : le fleuve coule maintenant, calme et majestueux, au milieu d'une plaine qu'il fertilise; il a plus de quatre cents mètres de large; de nombreux îlots de verdure divisent son cours en plusieurs bras; quelques rochers, des troncs d'arbres forment de petits barrages et des rapides. On entend de tous côtés les grognements modulés des hippopotames, et les crocodiles flottent à la surface comme des épaves. C'était un beau spectacle que je ne me lassais pas d'admirer. Cependant, en suivant le cours du fleuve, à travers les marais et les fourrés, nous nous aperçûmes qu'il devenait de plus en plus rapide, et un bruit lointain et continu nous fit supposer une cataracte. Nous marchâmes dans cette direction, décrivant mille sinuosités, tantôt pour éviter une fondrière, tantôt pour tourner un massif où la hache seule eût pu tracer un sentier. Un petit affluent coulant au fond d'une grande fissure du sol nous barra subitement le passage. De la différence de niveau entre cette petite rivière et l'Abbaï, nous conclûmes nécessairement que le lit du fleuve devait s'abaisser d'une manière étonnante. Nous parvînmes à franchir cet étroit ravin, et, suivant sa rive opposée, nous fûmes bientôt récompensés de nos peines.

La plaine s'entr'ouvrait tout à coup, formant un vaste entonnoir; l'Abbaï, dont le lit était déjà resserré, mais large encore d'environ deux cent mètres, se précipitait en mugissant dans cet abîme. Presque au milieu de cette cataracte, un rocher surgissait comme une corne, et un arbre avait trouvé assez de terre végétale pour y prendre racine. Il était là assurément à l'abri de la cognée du bûcheron. Le fond de la vallée (la même que nous avions vue la veille à l'endroit où est construit le pont) est si étroit et ses parois, quoique bien rapides, couvertes d'une si épaisse végétation de lianes et de bananiers, qu'on eût pu croire que l'Abbaï tombait et disparaissait dans un lit de verdure.

Après avoir bien contemplé d'en haut cette cataracte, nous voulûmes la voir d'en bas; c'était plus difficile. Il n'y a point en Abyssinie de ces escaliers rustiques, de ces ponts de bois, de ces sentiers en corniche, mais garnis d'un parapet, où les élégantes et frêles touristes peuvent, comme dans nos Alpes et nos Pyrénées, poser sans crainte un pied mignon, en s'appuyant sur la robuste épaule d'un montagnard. Mais depuis quatre mois que nous errions à travers les montagnes d'Ethiopie, nous étions devenus moins que jamais frêles et élégants. Aussi, de liane en liane, de rocher en rocher, nous nous laissâmes glisser jusqu'en bas.

Nous voilà dans la vase jusqu'au genou, et au milieu d'une végétation si dense qu'il nous eût été impossible d'avancer si les hippopotames n'avaient eu l'heureuse idée de nous frayer un chemin qui nous conduisît au pied de la cataracte. Elle peut avoir environ vingt-cinq mètres de hauteur, autant que j'en pus juger, car nous étions là comme sous une pluie d'orage, qui, en quelques instants, nous transperça. Nous nous hâtâmes de remonter pour nous réchauffer au soleil, il était déjà bien bas sur l'horizon. Pour comble de malheur, ma mule s'était échappée.

Désirant conserver la peau d'un superbe calao (*Buceros Abyssinicus*) que j'avais tué pendant cette excursion, je l'avais accroché à ma selle. En traversant une fondrière, ma pauvre mule fit un soubresaut pour se tirer de la vase, la longe que tenait un domestique cassa, et l'oiseau qui ballottait le long de ses flancs venant à l'effrayer, elle s'enfuit à toutes jambes. Je dus regagner le camp à pied. Je fis promettre récompense a qui retrouverait ma mule,

AMARA GEDELL.

et le soir même un soldat me la ramena. Du calao il ne restait plus que des débris. Cet accident me causa, en outre, une perte irréparable : une boussole, mon dernier thermomètre et

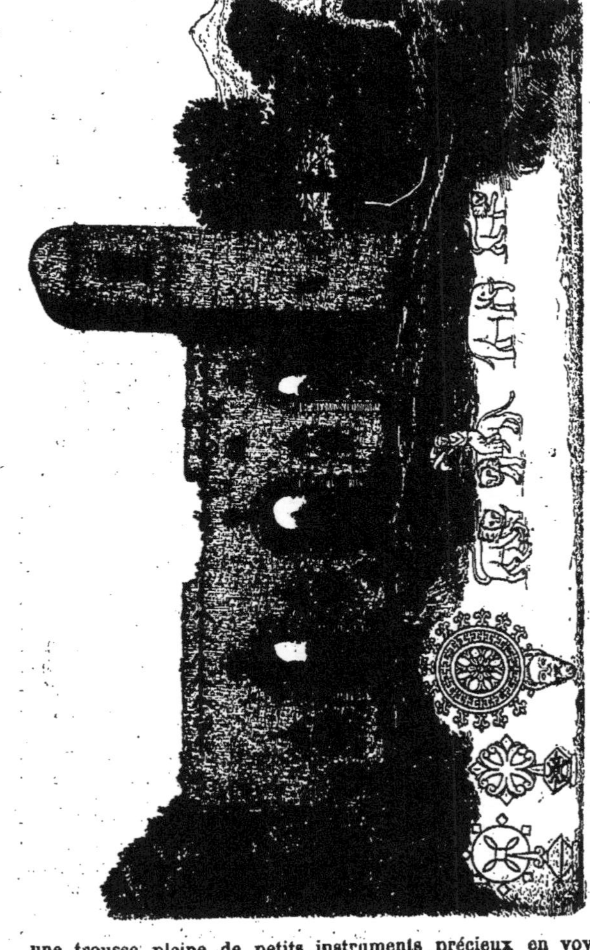

KOUSKOUAM. RUINES DU PALAIS IMPÉRIAL.

une trousse pleine de petits instruments précieux en voyage.

***

Déjà le feu était au camp, quand nous nous mîmes en selle. Nous dirigeant vers le nord, nous allâmes, après six heures d'une marche rapide, coucher au village de Debra-Maye. De cet endroit assez élevé, nous pouvions distinguer le lac Tzana et l'Abbaï, à l'endroit où le fleuve se jette dans le lac, à l'ouest de la presqu'île de Zéguié.

Descendant ensuite dans une plaine magnifique coupée de ruisseaux, semée de bouquets d'arbres, habitée de nombreux troupeaux d'antilopes qui fuyaient à notre approche, nous arrivâmes à Bahardar, sur les bords du lac Tzana, et cependant nous ne voyions pas encore le lac, tant était épaisse la ceinture des grands arbres qui l'entoure. Mais nous courons! Le lac, où est le lac? Nous traversons le village, des fourrés de roseaux, et nous allons nous asseoir sur une roche noire, volcanique, qui s'oppose en cet endroit à l'envahissement des eaux. Le soleil baissait à l'horizon, de petites vagues clapotaient à nos pieds, de chaque côté une végétation féerique, et devant nous, aussi loin que la vue pouvait s'étendre, une nappe argentée que ridait à peine une brise légère. Le silence n'était interrompu que par le ronflement des hippopotames qui venaient respirer à la surface, en attendant l'heure prochaine où, quittant leur humide demeure, ils iraient pâturer dans les marais et les prairies.

Nous restions silencieux aussi, recueillis dans notre admiration. La nuit se faisait, adoucissant les teintes, l'air était rafraîchi par les émanations du lac. Je n'oublierai de longtemps ce délicieux moment.

Le lendemain, nous voulûmes essayer d'abattre quelques-unes des nombreuses antilopes que nous avions rencontrées la veille. Nous partîmes à la chasse chacun de notre côté, guidés par deux hommes du pays, pour ne pas nous égarer dans cette vaste plaine.

J'allais à l'aventure, tantôt dans des marais, tantôt dans des fertiles prairies où paissaient de nombreux troupeaux, au milieu de bandes innombrables de petits hérons blancs (*Ardea bubulculus*) qui se perchaient jusque sur le dos des bœufs et des vaches. Je tuais des oiseaux, je prenais des insectes et des papillons, mais je ne voyais pas la moindre trace d'antilope.

Un des indigènes qui m'accompagnaient me conseilla de me diriger vers l'ouest, de l'autre côté d'une petite élévation couverte de figuiers, de kolkouals et d'arbres de toute espèce. Ce pays était vraiment superbe, riant, plantureux, cela réjouissait le cœur.

De l'autre côté du monticule, aussi loin que ma vue pouvait s'étendre, je n'apercevais pas le plus petit gibier. J'allais toujours devant moi. Bientôt, à cent cinquante pas environ, je découvris une masse fauve couchée au pied d'un mimosa. Je crus tenir mon antilope, et tout joyeux je me mis à ramper dans les hautes herbes.

Je n'étais plus qu'à trente ou quarante pas de l'arbre, et rien ne bougeait encore. Couché à plat ventre, je ne pouvais voir et n'étais pas non plus dans une position favorable pour tirer. Je me levai, et ce mouvement, faisant craquer les herbes sèches, réveilla l'animal, qui se leva à son tour. Au lieu d'une craintive antilope, c'était un lion magnifique qui était là debout, dardant sur moi, d'un air plus surpris que méchant, ses grands yeux de topaze. Un frisson me parcourut des pieds à la tête, et ma première pensée fut de tirer; mais je compris à temps que j'engagerais là un combat où l'un des deux adversaires devrait fatalement rester sur le terrain. Cette première et terrible émotion passée, j'étais redevenu assez maître de moi pour tirer, mais j'étais encore trop loin pour être sûr de frapper juste, car il fallait foudroyer le lion : son agonie est terrible. Le pays était plat, rien ne pouvait me protéger contre ses dernières couvulsions. Ma partie n'était pas assez belle. Je restai donc en arrêt, le fusil au poing, bien décidé à n'être pas l'agresseur. « Le Seigneur à la grosse tête », comme l'appellent les Arabes, s'en alla d'un pas lent et majestueux, sans même daigner retourner la tête.

Tout ceci s'était passé en moins de temps qu'il n'en faut pour le raconter; mais je restai à la même place tant que je pus apercevoir la croupe fauve de l'animal et les herbes onduler sous ses puissantes pattes; car le lion fait volontiers un détour pour tomber à l'improviste sur sa proie. Il faut, comme je l'ai déjà dit, beaucoup rabattre de tout ce qu'on raconte sur sa prétendue magnanimité.

Je comprenais maintenant pourquoi les antilopes avaient fui; ces gracieux animaux n'ont chance de salut que dans leur agilité, et cependant le lion doit faire grasse chère dans cette plaine de Bahardar, car s'il a témoigné si peu d'empressement à me manger, c'est qu'il était repu, ou bien qu'il a pensé que les antilopes étaient un morceau plus succulent et surtout moins dangereux à capturer.

Je revins alors du côté de l'Abbaï, non sans retourner la tête de temps en temps pour m'assurer que le terrible félin, pris d'un remords subit, ne s'était point décidé à revenir sur ses pas.

Comme on le sait, le Nil Bleu, nommé *Abbaï* par les Abyssiniens, *Bahr-el-Azrak* par les Arabes, le même encore que les anciens désignaient sous le nom d'*Astapus*, prend sa source dans les montagnes situées au centre du Godjam; puis, remontant vers le nord, il se jette dans le lac Tzana, à l'ouest de la presqu'île de Zéguié, ressort du lac à l'est de la même presqu'île, coule vers le sud, et, décrivant une courbe immense, il circonscrit le Godjam et le Damot, provinces abyssiniennes qu'il isole des tribus gallas du pays d'Enaréa; puis, remontant de nouveau vers le nord, il arrose le Fazokl et le Sennaar, et vient enfin à Kartoum se jeter dans le Nil Blanc, le *Bahr-el-Abiad* des Arabes.

Ce dernier, après avoir reçu son affluent, qui à lui seul est un grand fleuve, devient le Nil fameux qui fertilise l'Egypte, après avoir arrosé Philæ, Thèbes et les Pyramides.

***

A Bahardar, à l'est de la presqu'île de Zéguié, nous nous trou-

MUSICIEN ABYSSIN.

vions enclavés de tous côtés par le lac et l'Abbaï. Aussi lorsque, continuant notre route sur les rives verdoyantes du lac, nous marchions à l'est vers Kouarata et Gondar, nous nous trouvâmes subitement en face du fleuve à l'endroit où il sort du lac. Il coulait alors, large de plus de quatre cents mètres, entre deux berges peu escarpées formées tantôt de roches volcaniques, tantôt de vertes prairies qu'ombrageaient çà et là des massifs d'arbres. Ce n'était pas une mince besogne que de faire traverser cette immense nappe d'eau à notre caravane, qui se composait encore de près de deux

GONDAR. — A GAUCHE, LE GEMP, PALAIS DU NÉGOUS.

cents personnes, de beaucoup de chevaux, de mules et de plusieurs bœufs, sans compter tous nos bagages. En amont et en aval, le fleuve formait deux petits rapides; le courant était assez fort; des hippopotames venaient de temps à autre respirer à la surface, mais heureusement il n'y a pas de crocodiles en cet endroit. Chose singulière! ces gigantesques sauriens, qui pullulent dans toutes les rivières d'Abyssinie et que nous avions vus en si grand nombre dans l'Abbaï lui-même, quelques lieues plus au sud, n'habitent pas dans les eaux du lac et ne se rencontrent dans le fleuve, après sa sortie du lac, qu'en aval d'un rapide assez fort situé à quelques kilomètres plus bas. Les Portugais avaient oublié de nous construire un pont, et il ne nous restait que deux alternatives : traverser à la nage ou nous risquer sur les *tankouas*. Or, la *tankoua* est un esquif aussi peu solide que possible, auquel les indigènes se confient cependant pour exécuter de véritables voyages sur le lac. C'est un bateau en joncs fortement reliés entre eux, rappelant par sa forme les gondoles de Venise. Comme cette coque est parfaitement perméable à l'eau, on met dans sa cavité une sorte de radeau, toujours en joncs et très épais : c'est sur ce volumineux paillasson que se placent les passagers, de trois à dix, suivant les dimensions de cette frêle nacelle. Le nautonier se tient à l'arrière, armé d'une grande perche qui, lorsqu'il ne trouve plus le fond, lui sert de rame. Trois de ces bateaux transportèrent sans accident, d'une rive à l'autre, les hommes et les bagages. Quant aux animaux, on les fit entrer dans le fleuve, et ils traversèrent à la nage, suivis d'un homme qui les excitait de la voix et d'une longue baguette, comme un berger qui conduit ses troupeaux au pâturage. La traversée dura plus de deux heures. Les soldats qui nous servaient d'escorte remorquaient à leur suite leurs femmes et leurs servantes; plus d'un petit cri de frayeur féminine se mêla à la voix des hommes qui se hélaient d'un bord à l'autre, aux beuglements des vaches, aux hennissements des chevaux. Il y avait par moments un tumulte burlesque. Bien des bains forcés ou inattendus furent pris. Il n'y manqua pas même les ruades des mules récalcitrantes, qui couvraient d'eau et de boue leur conducteur, à la grande joie de tout le monde. La gaieté, la bonne humeur de chacun ne fut pas assombrie d'ailleurs par le plus petit accident.

Nous n'étions pas pourtant au bout de nos peines. Toutes ces plaines qui bordent le lac sont coupées d'instant en instant de rivières larges et profondes qui sont ses tributaires; et au moment où nous apercevions, au milieu de la verdure, les toits pointus de la petite ville de Kouarata, une seconde rivière nous barra le chemin. C'était la *Goumara* (nom abyssinien de l'hippopotame).

Là, pas même de tankoua. Les hommes et les animaux pourraient passer facilement, la rivière n'ayant pas plus de cinquante mètres de large; mais les bagages et même les femmes? Enfin, après bien des sondages, on trouva un gué où les hommes les plus grands avaient pied à condition de lever la tête pour avoir la bouche hors de l'eau. Etre un bel homme n'est pas toujours un avantage. Les tambours-majors de notre caravane durent opérer la translation des bagages et des femmes, ce qui donna lieu à de nouvelles facéties et à de nouveaux accès de gaieté. Quant à nous, quittant nos vêtements, nous nous élançâmes les premiers à l'eau, dans le but de prouver aux indigènes que nous n'avions nullement besoin de leur secours pour nous tirer d'affaire.

Les rives du lac étaient peuplées d'oiseaux d'eau, pélicans, ibis sacrés, hérons, canards, oies d'Egypte, etc., etc. Nous avons souvent porté la désolation dans ce monde emplumé, qui n'était guère habitué à trouver des ennemis si meurtriers. Mais j'aimais surtout à retourner dans la plaine qu'arrose la Goumara. Nous faisions lever à chaque pas, dans les marais, des ibis blancs ou bronzés, des hérons de différentes espèces. Dans les flaques d'eau, les gracieux jacanas, à l'aide de leurs doigts démesurément longs, couraient sur les feuilles des nénufars comme sur un plancher solidement assis. C'était aussi un martin-pêcheur, plus petit que le nôtre, mais un véritable saphir, avec une moustache de plumes azurées; quelques antilopes, toujours insaisissables, qui venaient paître et se désaltérer dans les joncs, puis enfin le plus bel habitant de ces régions, le guêpier de Nubie, *Merops Nubicus*, qui tourbillonnait en vols nombreux, faisant miroiter au soleil tantôt sa tête azurée ou son dos et ses ailes de pourpre, tantôt sa poitrine, d'une teinte plus délicate que la rose la plus pure. Sa forme élancée et gracieuse, ses ailes cambrées, les deux longues plumes de sa queue achèvent de faire de cet oiseau un des plus beaux êtres qu'il soit possible de rêver.

Quand, après avoir passé huit jours à Kouarata, nous nous décidâmes à nous rendre à Gondar, nous longeâmes la rive orientale du lac Tzana, à travers les plaines du Foguéra, qu'arrosent de nombreuses rivières : le Reb, une seconde Goumara, l'Arno, le Garno, sans compter de petits cours d'eau sans importance. Toutes ces rivières étaient encore, malgré la saison sèche, larges et profondes. Chaque fois, pour les faire franchir à notre arche de Noé, c'étaient de nouveaux embarras assaisonnés de pas mal de gros sel.

Ces plaines, que le lac inonde plus ou moins dans la saison des pluies, étaient alors couvertes de bestiaux, qui s'engraissaient de l'herbe touffue. Nulle part ailleurs je n'ai vu tant d'oiseaux que sur les bords du Reb. Ses berges étaient littéralement bigarrées comme l'habit d'un arlequin; des vols d'oies et de canards s'ébattaient dans ses eaux, tandis qu'un peu plus loin, semblables à des cavaliers avec leurs têtes ornées d'un panache jaune, se pressait un innombrable bataillon de grues couronnées, qu'on désigne souvent aussi sous le nom d'oiseau royal (*Pavonina Balearica*). Tous ces pauvres volatiles étaient si peu habitués à s'effrayer d'un coup

PONT SUR LE MAGESTCH, AUX ENVIRONS DE GONDAR.

de fusil, qu'à chaque détonation ils s'élevaient en croassant, mais pour revenir à la même place, au bout de quelques minutes, servir de cible à nos coups.

PALAIS IMPÉRIAL DE GONDAR.

IV

GONDAR.

Au nord de la plaine du Dembéa, sur des mamelons dénudés qui s'étagent au pied des montagnes du Ouoguéra, est située Gondar. De là, on aperçoit le lac Tzana et les contrées fertiles qui l'entourent. Deux petites rivières, la Kaha et l'Angareb, qui coulent vers le lac, circonscrivent la ville proprement dite.

Gondar est divisée en deux villes nettement séparées, la ville chrétienne et la ville musulmane. Cette dernière est une sorte de faubourg situé au pied de la colline, et qu'habite toute une population de marchands : marchands de café, de cuirs, de coton, de toutes sortes de choses; et aussi, faut-il le dire? marchands d'esclaves, que leur fournissent les pays gallas. Il faut pourtant reconnaître que ce quartier musulman respire l'aisance, la propreté, l'ordre. Les Abyssiniens musulmans portent le même costume que les chrétiens, à cette différence près qu'ils ornent fréquemment leur tête d'un turban, à l'instar des Egyptiens et des habitants de Massaouah, des îles et du littoral de la mer Rouge.

Quant à la ville chrétienne, elle est elle-même partagée en deux par un profond ravin qui sert de démarcation à deux quartiers moralement encore plus distincts, le quartier de l'Abouna et le quartier de l'Etchéquié.

A l'est de ce dernier, sur un vaste plateau, se dresse, majestueux encore malgré les outrages du temps et des hommes, le château des empereurs, entouré d'une muraille percée de portes voûtées. La partie la mieux conservée est un grand corps de bâtiment flanqué d'une haute tour massive et carrée et d'autres tourelles rondes de moindre importance. C'était la demeure de l'empereur lui-même, succession de vastes salles qui donnent sur un perron, et dont les fenêtres, aujourd'hui béantes ou à demi fermées par des ais brisés, étaient garnies d'un balcon en bois dont il ne reste que quelques vestiges. Ce palais, couvert en terrasse, avait des murs crénelés comme ceux d'un château fort. Tout près se trouve le pavillon réservé à l'impératrice, d'une construction moins sévère, plus gracieuse; les croisées sont ornementées de croix grecques plus ou moins fleuronnées; la façade offre des corniches, et la terrasse est bordée d'une balustrade à jour. On sent que c'était là la demeure d'une femme.

Plus loin, car ce château est immense, sont les bâtiments destinés à la cour, les salles d'armes, les écuries et jusqu'aux fosses aux lions. Les ornements des corniches, les encadrements des fenêtres et des portes sont faits d'une pierre rougeâtre, assez friable, et si semblable à de la brique que l'illusion, pour moi, eût été complète si je n'avais vu, à quelque distance de Gondar, la carrière d'où l'on avait tiré cette curieuse pierre, qui a conservé sa couleur vineuse après plus de trois siècles.

La ville et les environs sont partout semés d'églises; il y en a, nous dit-on, quarante-trois, dont plusieurs ont été construites par les Portugais. On reconnaît facilement ces dernières à leurs murailles plus solides et plus régulières.

L'église est toujours située au milieu d'un bois sacré, qu'environne une muraille. C'est au pied de ces arbres séculaires, à l'abri de leur ombrage, qu'on ensevelit les morts, dont un petit tumulus en pierre marque la tombe; nulle inscription, nul monument ne rappellent les noms, les qualités du défunt. Les princes, les grands de la terre sont inhumés dans des cercueils en bois et déposés dans le péristyle même de l'église.

Lorsqu'on va à une grande église, on pénètre dans l'enceinte extérieure par une porte percée au milieu d'un petit bâtiment carré, dont le premier et unique étage sert de domicile au gardien du lieu, et, sous le passage voûté qui donne accès dans le bois, sont invariablement rangés des lépreux, des infirmes, des malades, tous plus repoussants les uns que les autres,

Passez cette porte, traversez le bois mystérieux, et vous arriverez à une construction cylindrique, couverte d'un toit conique en chaume, que surmonte une croix grecque ornée de boules peintes en blanc. La muraille est percée de plusieurs portes en plein cintre et d'autant de petites fenêtres munies de leurs volets et de leurs châssis, grossièrement taillés avec la hache et l'herminette. Franchissant ce seuil, vous vous trouverez dans une galerie circulaire, ouverte à tous les vents, et qui entoure une construction intérieure carrée, sans autre ouverture qu'une porte, à laquelle conduisent deux ou trois degrés et que ferment deux battants, chacun d'un seul morceau de bois, enchaînés par un grossier cadenas. C'est l'église proprement dite, renfermant le tabernacle, que voile encore un immense rideau. Lors des cérémonies religieuses, les deux portes s'ouvrent, et les fidèles se tiennent debout ou accroupis dans la galerie. Seuls les prêtres et leurs desservants approchent du tabernacle et pénètrent dans la seconde enceinte.

Le toit de chaume est, à l'intérieur, très habilement construit : les bambous en roseaux qui le forment, symétriquement disposés, sont encore reliés par des bandes d'étoffe rouge et bleue, et les cercles qui servent de traverses sont entourés de torsades de mêmes couleurs qui, se détachant alternativement sur le blanc des roseaux, produisent le plus charmant effet. Peut-être aussi mon œil de Français était-il agréablement impressionné en revoyant, au cœur de l'Ethiopie, les couleurs nationales et l'image du drapeau tricolore, que tant de malheurs n'ont pu assombrir ni décolorer.

Au dehors, près d'une des portes de la galerie, se dresse une petite potence où sont accrochées deux ou trois pierres plates et blanchâtres qui, lorsqu'on les frappe avec un caillou, rendent un son argentin; ce sont les cloches servant à convier à la prière.

Il nous restait encore à voir les ruines de l'abbaye royale de Kouskouam, située sur un mamelon, au milieu d'une forêt de genévriers, moitié castel, moitié monastère, et entourées d'une haute muraille. Nous errâmes un certain temps dans le bois sombre et silencieux, puis un enfant ouvrit un vaste portail et nous fit pénétrer dans une cour où quelques huttes servent d'habitation aux prêtres, aux desservants et à leurs familles. L'abbaye est un long corps de bâtiment dont il ne reste plus que les murailles rougies et noircies par le feu; l'architecture en est sobre et sévère. Accolée à l'abbaye, se trouve une église construite comme tous les temples abyssiniens, mais très vaste; dans un réduit obscur, derrière le sanctuaire, on nous montra deux coffres recouverts en cuir rouge, ornés de clous et de serrures en cuivre, qui renferment les ossements d'empereurs et d'impératrices.

Cette église avait le triste et singulier privilège d'abriter, avec les cendres des anciens maîtres du pays, le dernier rejeton vivant de leur race, de cette race royale qui, d'après la tradition, sentait couler dans ses veines le sang de Salomon : c'était un pauvre vieillard qui vivait là, hébergé par les prêtres, dans le souvenir de la gloire de ses ancêtres, et était comme l'expression vivante de cette pensée pleine de philosophie et de tristesse . *sic transit gloria mundi !*

Achille Raffray.

SCEAU DE MÉNÉLICK.

www.ingramcontent.com/pod-product-compliance
Ingram Content Group UK Ltd.
Pitfield, Milton Keynes, MK11 3LW, UK
UKHW022200190726
13855UKWH00004B/1565

9 782013 076777